Werner Tiki Küstenmacher präsentiert

Chris, die Kerze und

DIE GESCHICHTE VON BROT & WEIN

Ein fröhliches Buch zur Kommunion

Mit viel Spaß produziert vom Pattloch Verlag

Bibliografische Information: Die Deutsche Bibliothek
Die Deutsche Bibliothek verzeichnet diese Publikation in der
Deutschen Nationalbibliografie; detaillierte bibliografische Daten
sind im Internet über http://dnb.ddb.de abrufbar.

Umschlaggestaltung: Daniela Meyer, München
Umschlagillustration: Werner Tiki Küstenmacher
Druck und Bindung: Firmengruppe APPL, aprinta druck, Wemding
Printed in Germany

ISBN 978-3-629-01338-5

4 6 8 7 5

www.pattloch.de

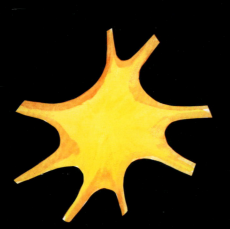

Als sie aber aßen, nahm Jesus das Brot, dankte und brach es und gab es den Jüngern und sprach

Nehmt und eßt. Das ist mein Leib.

Nach dem Essen nahm er den Kelch, dankte, gab ihn seinen Jüngern und sprach:

Trinkt alle daraus. Denn das ist mein Blut des Bundes, das für viele vergossen wird zur Vergebung der Sünden.

Nach diesem Essen wurde Jesus verhaftet...

...und zum Tode verurteilt. Am nächsten Tag wurde er durch Kreuzigung hingerichtet. Er starb also kurz nach dem Paschalamm.

Lukas 23

Das war Freitag abends. Am Sonntagmorgen aber war das Grab leer. Der tote Jesus Christus ist auferstanden!

Er ist weg!

Lukas 24, 1-12

Halleluja! Der Herr ist auferstanden, er ist wahrhaftig auferstanden!

Was bei der Eucharistie genau passiert, bleibt Gottes Geheimnis. Trotzdem haben die Theologen nach Erklärungen gesucht, ist ja klar.

Das gebrochene Brot der Eucharistie ist ein Heilmittel zur Unsterblichkeit

Ignatius von Antiochien († 115)

Wie Gott in Jesus Christus Fleisch und Blut wurde, so wird Jesus Christus in der Eucharistie Brot und Wein

Justin der Märtyrer († 165)

Die wahre Speise und der wahre Trank ist das Wort Gottes, das die Seele ernährt

Origenes (185–254)

Dieses Brot und dieser Wein sind das Gegengift gegen den Giftstoff, der mit der Sünde in den Menschen eingedrungen ist.

Gregor von Nyssa (334–394)

Sakramente sind sichtbare Worte Gottes

Augustinus (354–430)

Im Abendmahlswunder wiederholt sich das Wunder der Menschwerdung Gottes

Johannes Damascenus (650–750)

In Brot und Wein ist jeweils der ganze Christus. Daher dürfen die Gläubigen ruhig auf den Kelch verzichten

Konkomitanz

Alexander von Hales (1185–1245)

In der Eucharistie verwandelt sich das innere Wesen von Brot und Wein

Transsubstantiation

Thomas von Aquin (1225–1274)

Ist das Brot verzehrt, so hinterläßt Gott in euch den Abdruck seiner Gnade, wie ein Siegel in warmem Wachs

Katharina von Siena (1347–1380)

Der Abendmahlstisch ist die Pforte des Himmels auf Erden

Martin Luther (1483–1546)

Die Geheimnisse Gottes soll man anbeten, nicht zerpflücken

Philipp Melanchthon (1497–1560)

IRISCHER FEUERSEGEN

Ich zünde das Feuer an
ohne Zorn, ohne Neid, ohne Angst
denn mein Beschützer ist Christus,
der Sohn des lebendigen Gottes.

So wie dieses Feuer, Herr,
entzünde in meinem Herzen
die Flamme der Liebe
für meine Feinde, meine Freunde
und meine Verwandten,
für die Klugen genauso
wie für die Dummen,
für die Freien und die Sklaven,
von den einfachen Leuten
bis hin zu dem,
der über alles erhaben ist.

Amen.